JN440641

문학사랑시인선 56

월정리역에서

●

신미경 시조집

●

오늘의문학사

국립중앙도서관 출판시도서목록(CIP)

월정리역에서 : 신미경 시조집 / 지은이: 신미경. -- 대전
:
오늘의문학사, 2017
p. ; cm. -- (문학사랑 시인선 ; 56)

ISBN 978-89-5669-854-0 03810 : ₩12000

한국 현대 시조[韓國現代時調]

811.36-KDC6
895.715-DDC23 CIP2017026819

월정리역에서

■ 서시

월정리역에서

큰소리 외치면서
민통선 드나들다

휴전선 앞에 서서
북녘 땅 바라보는

녹이 슨 분단의 아픔
멈추어 선 철마야

폐역 된 월정리 역
잠이 든 기적소리

독수리 넘나들며
물고 온 고향 향기

민통선 봉우리 밟고
넘어가는 구름아

‖ 차례 ‖

제2부 날아가는 나비물

제3부 달밤에 찾아든 바람

제4부 두 눈을 부릅뜨고

제1부

분홍빛 물든 입술

새내기

눈 속을 뚫고 나와
새 봄에 손짓하고

동장군 밀어내는
끈질긴 얼음새 꽃

꽃등 켠
노란 꽃잎들
눈부시게 웃는다.

계족산 오르는 길

풀 섶에 도롱뇽이
봄 소풍 왔나보다

졸졸졸 계곡 물에
헹구는 마음자락

황톳길
아픔 묻으며
한발 한 발 걷는다.

꽃샘추위

매서운 바람 안고
군손님 쳐들어와

싹트는 새봄인데
한파에 갇힌 죄인

온몸을
두들겨 맞고
몸살감기 앓는다.

봄 · 1

동장군 배웅하는
햇살은 따뜻하고

다소곳 앉아 있는
기죽은 꽃샘추위

초록빛
춤추는 댄서
구경꾼은 즐겁다.

봄 · 2

해님과 놀고 있는
들판의 아지랑이

어머니 품속 같은
햇살은 따뜻하다

내 동생
나비잠 자면
꽃밭 가득 돋는 싹.

봄바람

나무에 금줄을 친
햇살은 한가롭다

잠에서 깨어나서
기지개 펴는 잎새

한 낮에
휘파람 불며
신바람 난 나그네

꽃 잔치

햇살을 덮고 자던
기지개 켜는 벚꽃

쏙 쏙 쏙 내민 얼굴
마주한 친구들이

바람이
그네를 밀어
함박웃음 짓는다.

꽃동산

새싹은 귀염둥이
바람은 심술쟁이

햇살이 내려오면
꽃들은 소곤 대고

신이나
무대를 꾸며
어우러져 춤춘다.

산수화

고개를 넘어 간다
동장군 도포자락

햇살은 방글방글
다정히 손 내밀고

봄소식
전해주는 별
뜨락 가득 피었다.

울산 앞바다 지진

지층은 춤을 추며
내벽을 갈라놓고

시민은 깜짝 놀라
마음은 허둥지둥

바다에
참 돌고래 떼
천진난만 즐겁다.

진달래

봄날의 비 맞으며
파르르 떠는 잎새

뚝 뚝 뚝 은빛 구슬
해님의 선물 되어

분홍빛
물든 입술이
언니처럼 웃는다.

유혹, 아카시아

햇살에 몸 비비며
피어난 하얀 미소

꽃잎이 나풀나풀
향기를 뿜어내어

등산객
발목을 잡아
가던 발길 멈췄다.

장미

한 잔 술 마시고서
빨갛게 취한 얼굴

담장을 기어올라
빵 하고 터진 웃음

길손의
발목을 잡고
노래잔치 벌였다.

금강초롱

불 밝힌 청사초롱
별님을 마중하고

빛나는 눈동자에
온몸은 젖어들어

초야에
고개 못 드는
부끄러운 새색시

연꽃

불쌍한 인간 위해
업보를 닦아주고

뿌리에 구멍 숭숭
제 몸을 비워가며

오욕을
태워버리자
불을 켜든 연꽃등.

포도

알알이 주렁주렁
햇빛에 그을렸다

여우비 내려와서
더위를 식혀주니

흰 모자
머리에 쓰고
새근새근 잠잔다.

매미

나뭇잎 지휘 아래
연미복 차려입고

배에 힘 가득 주며
바람을 노래하는

한낮의
가창력만은
연말 대상 받겠다.

이별

만삭의 몸을 풀고
늘어진 수양버들

솜털을 날리면서
호수를 맴돌더니

옛정을
품에 안고서
긴 여행을 떠났다

갈대

찬바람 불어와도
마음은 따뜻한데

심장에 파고들던
갈대밭 깊은 사랑

미친 듯
머리 흔들며
백수광부 춤춘다.

신성리 갈대

바람이 흔들어도
꺾이지 않는 사랑

떠난 임 기다리며
메말라 가는 모습

가슴을
파고든 추억
서걱대는 애절함

제2부

날아가는 나비물

거울

침묵이 금이라면
재벌이 되었겠다

눈가의 잔주름을
말없이 바라보고

세월이
주고 간 선물
비춰보는 거울 앞

허드렛물

강렬한 태양의 눈
온종일 쏘아대고

갈증 난 앞마당에
흙먼지 날리는데

날개를
활짝 펴면서
날아가는 나비물

돌게

손에 손 꼭 잡은 채
줄줄이 딸려 나와

어둠에 속죄하고
깨물며 앙살궂다*

기꺼이
몸을 바치는
간장게장 밥도둑.

* 앙살궂다 : 매우 엄살을 부리며 버티고 맞서는 점이 있다

소나기

구름이 서로 만나
한바탕 외치면서

흙먼지 폴폴 날던
꽃밭엔 웃음피고

맹꽁이
목청 돋우어
노래하는 논두렁.

열무국수

쫄깃한 면발 위에
새콤한 열무김치

폭염에 지쳐있는
입맛을 돋워주고

마음을
훔치는 맛에
찜통더위 숨었다.

철길놀이

기적이 울릴 때면
못에다 침을 뱉어

철길에 올려놓고
기차가 지나간 뒤

납작한
못을 집어서
땅 줄 긋고 놀았다.

가을 여인

담 머리 속삭이는
황금 빛 가을 햇살

시드는 호박잎에
머무는 하늬바람

장독 옆
석류 열매가
웃음 가득 전한다.

계곡

발 담근 계곡물에
욕심을 씻어내고

물고기 숨바꼭질
숨어든 돌 틈 사이

살며시
나뭇잎 열고
내비치는 저 햇살

계룡산

나뭇잎 사이사이
비집고 들어왔다

햇살의 고운 손길
살포시 잡는 바람

산줄기
고운 색동옷
치맛자락 날린다.

대청호

햇볕이 너무 싫어
양산 꽃 피어 놓고

파동에 흔들리며
추억은 떠오르고

영롱한
대청호 바람
쉬어가는 사연들.

산책길

바람의 지휘 따라
뻐꾸기 노래하면

어린 싹 방긋 웃는
계족산 오르는 길

황톳길
맨발로 걷는
사람들도 즐겁다.

식장산

우거진 산책길에
숲 바람 마시면서

돌 사이 흘러가는
물줄기 소리 듣고

반짝인
나뭇잎 손 짓
식장산이 부른다.

충주문학관

봄 햇살 마중 나와
손잡고 들어갔다

묵 향기 피어나는
시심이 잘 영근 밭

살며시
고개를 들어
벙긋 웃는 감자 꽃.

바닷가

파도가 너울대며
아픔을 토해내고

통통배 위로하며
희망을 싣고 온다

새하얀
날개를 펴고
노래하는 갈매기

단오놀이

연지와 곤지 찍은
밀가루 화전놀이

이몽룡 기웃대는
춘향이 그네놀이

창포에
머리를 감고
곱게 매단 꽃 댕기.

기우제

푸르른 하늘에선
열기만 뿜어대고

농수로 물이 말라
애타는 농민 마음

바람은
잎새 흔들며
기우제를 지낸다.

사춘기

산허리 철쭉꽃은
등산객 발을 잡고

자기가 예쁘다며
수다가 한창이다

박새가
조롱거리는
햇살 좋은 황매산.

라인댄스

인생을 즐기려는
쭉 뻗은 다리들이

마음이 하나 되어
웃으며 춤을 추고

신나는
음악소리에
땀방울 꽃 피운다.

벨리댄스

영혼이 깨어나는
경쾌한 음악소리

몸짓은 은빛 물결
소리는 찰랑찰랑

골반을
흔들어대며
배꼽들이 웃는다.

믿는 도끼

돌멩이 맞은 발등
절면서 가는 길에

냄비에 죽 끓듯이
마음이 끓어올라

돌다리
두드려가며
조심조심 걷는다.

인성

양 볼에 감춘 심통
겉모습 번지르르

된바람 몰아치자
매무새 흩어지고

달님의
인자한 미소
어둠 속의 빛이다

저녁

겹겹이 입은 옷을
하나씩 벗어가며

매끈한 몸이 되면
멈추지 않는 눈물

혈액을
정화시키는
밥상 위에 햇 양파.

출근 길

날 두고 떠날세라
발걸음 빨라지고

달려가 마주하고
품속에 파고들어

한숨을
내려놓으며
교통카드 찍는다.

명태

한파가 찾아와서
밤낮을 지새우며

눈바람 이겨내는
황태의 삶의 터전

덕장에
매인 몸 녹여
아픈 마음 달랜다.

제3부

달밤에 찾아든 바람

갈 수 없는 길

휴전선 가로막혀
허망해 한숨짓고

뼈마디 시리도록
스며든 고향 향기

달 속에
눈물이 가득
손짓하는 아버지.

옛이야기

기나긴 동짓날 밤
육 남매 둘러앉아

아랫목 이불속의
발들은 장난치고

아버지
이야기 소리
가슴 깊이 스민 날.

옛 생각

관절이 부딪히면
찌르릉 신음소리

즐거운 기차여행
추억만 남기는데

어머니
새색시 마음
고향집에 와 있다.

꽃단장

꿈속에 울 어머니
두 손을 잡으시고

입가에 짓는 미소
생신 듯 다정해서

온종일 가슴에 가득
자리하고 계셨다.

묘 앞의 노란 꽃에
구멍이 송송 났다

보랏빛 예쁜 국화
새로운 꽃단장에

어두운 어머니 나라
대낮처럼 밝았다.

목련

무명옷 곱게 입고
사랑을 품으셨다

환하게 미소 짓는
어머니 고운 자태

달밤에
찾아든 바람
치맛자락 접는다.

시집살이

어머니 잔소리에
화가 나 붉은 얼굴

달래도 식지 않는
앙금은 팔팔 끓고

마음을
가라앉히면
동동 뜨는 새알심.

이팝나무

찬물로 배 채우고
먹거리 귀한 시절

지쳐서 잠든 아이
어머니 한숨소리

이팝꽃
하얗게 핀 날
정을 담아 주셨다.

노환

밤낮을 시달리는
바람에 맡기신 몸

미음도 먹지 못해
쇠락해 추레하다

아궁이
춤추던 불꽃
사위어 간 솔가지.

요양원

추위가 찾아와서
옷깃을 여미어도

갈바람 흐느낌에
잎새를 떨구면서

쉼 없이
시간은 가고
서러움만 구른다.

초겨울 대찬바람
산천은 벌거숭이

젊음이 버걱이며
향기가 날아갔다

주름 속
고인 시름이
어둠 속을 헤맨다.

기일(忌日)

수많은 시간들이
서둘러 떠나갔다

가슴을 부여잡고
눈물을 쏟던 슬픔

보름달
찾아온 얼굴
온 집안이 환하다.

사진첩

사랑의 열매들을
가슴에 담아두고

힘들 때 새록새록
더듬어 만져본다

달달한
홍시들처럼
불 밝히는 추억들.

만두를 빚으며

다지고 어우러져
맵고도 싱거운 맛

정성을 가득 담아
빚어진 복 주머니

상 앞에
둘러앉아서
이야기 꽃 피웠다.

이산가족

수많은 슬픔들이
흙 속에 묻혀가고

휴전선 하늘 아래
눈물이 흐르는 강

비둘기
평화를 안고
철조망을 넘는다.

무궁화

무궁화 다섯 잎 속
슬픔의 붉은 빛은

조국이 갈라져서
애국 혼 불태웠다

분노를
삭히지 못해
외쳐 부른 애국가.

분단의 아픔으로
목 놓아 우는 산천

철조망 막아놓고
외치는 남북통일

가슴에
비수가 꽂혀
피눈물이 흐른다.

쌘비구름

통일을 염원하며
내놓은 햇볕정책

멍하니 뒷짐 짓고
금강산 바라보다

호랑이
허리가 삐끗
자리 펴고 누웠다.

실향민

주름살 깊이 파인
열일곱 어린왕자

아버지 꼭 쥔 주먹
지나 온 아픈 삶이

흔들며
통곡을 하는
피 흘리는 철조망

월정리역에서 2

삼팔선 가로막혀
세월만 타박하고

머리는 산발한 채
향수병 앓는 소리

임진강
분단의 눈물
하염없이 흐른다.

금강산 눈물 젖어
운무(雲霧)가 자욱하고

철조망 가로막혀
벼랑에 멈춘 발길

철마는
달리고 싶어
바라보는 북녘 땅

임진강

두고 온 가족 안부
종이배 띄워 놓고

녹이 슨 철조망을
눈물로 바라보며

탄식이
만선을 이룬
황포 돛대 떠난다.

송홧가루

계족산 바람 불어
가루를 날리는데

노란선 그려지는
봄비가 내린 마당

휴전선
지워져 버린
평화로운 새 지도.

기다림

집나간 어린자식
대문을 열어 두고

까맣게 타들어가
가슴에 재만 쌓인

근심이
커져만 가는
마음 시린 겨울 밤.

황혼

여유를 부리면서
달리던 완행열차

보내기 아쉬운지
눈물을 머금고서

하루해
뒤곁에 들면
종착역에 닿는다.

맞선

쪽 째진 매서운 눈
매력에 폭 빠졌다

슬며시 잡은 손은
온기가 가득하고

콩닥콩
뛰는 심장에
방점 하나 찍었다.

태몽, 아들

아빠가 낚아 올린 튼실한 금붕어가
물개와 큰 거북이 호위병 내세우고
춤추듯 몸을 흔들며 품에 와서 안겼다.

병원 문을 나서며

청명한 가을하늘 슬프게 눈부시다
마주한 대청호에 눈물을 쏟아 붓고
비단길 은빛물결을 사뿐사뿐 걷는다.

내 사랑

만지면 터질 듯이 홍조 띈 탱탱한 몸
침 꿀꺽 삼키면서 마음을 열어 놓고
감나무 쳐다보다가 단사랑에 빠졌다.

시조를 지으며

뜨거운 가마 안에
배 불룩 내밀면서

고통을 견디어 낸
빛 고운 달항아리

펼쳐진
마음을 모아
차곡차곡 담는다.

제4부

두 눈을 부릅뜨고

무더위

어느새 따라와서
두 눈을 부릅뜨고

온몸을 고루고루
더듬어 대는 통에

땡볕에
흠뻑 젖은 옷
훌훌 벗어 던졌다.

뻥튀기

고소한 맛을 내며
입에서 노닐다가

혀끝을 발로 차는
짓궂은 장난하고

캄캄한
골방에 혼자
벽을 긁어 대는 너

우리 수니

— 말티즈

때로는 딸 대하듯
함께한 긴 시간들

즐거움 심어주던
행복의 전도사가

병들어
자리에 누워
웃음마저 잃었다.

야외 합평, 뿌리 깊은 나무에서

날개를 접은 새는
노래를 불러주고

시낭송 나무 아래
시심을 올려놓아

잔잔한 대청호수에
비단물결 펼쳤다.

물안개 가리어진
둔치는 신비롭고

물비늘 곱게 이는
대청호 아름다움

활짝 핀 예쁜 꽃 모여
문우의정 나눴다.

종착역

나룻 배 하나 없는
힘겹고 어두운 강

다 닳은 고무신을
나란히 벗어놓고

물살을
헤치며 가는
그 누구나 가는 곳

펑크

주말에 전용차선
목숨 건 자동차가

겁나게 내달리어
급체해 탈이 났다

갓길에
깨금발 들고
벌을 서는 저 쌤통

구조조정

몸단장 곱게 하고
호수에 비친 모습

가녀린 몸부림은
사랑을 갈망하고

태양의
뜨거운 입김
축 늘어진 버들잎

단비

가뭄의 논과 밭이
할머니 손 등 같다

하늘도 서러운지
눈물을 쏟아내고

가랑비
노래 부르며
푸른 싹을 깨운다.

매지구름

검은 옷 걸치고서
몰려 온 매지구름

바쁘게 움직이는
노점상 비설거지

가뭄에
쏟아지는 비
상인들도 웃는다.

손님

햇살이 쏟는 독설
살갗을 벗어 놓고

파랗게 질린 하늘
숨어든 구름 속에

커다란
모자 쓰고 온
매지구름 멋쟁이.

골동품

무김치 깊은 맛을
제대로 모르면서

골동품 앞에 서서
제 몸값 자랑한다

너와 나
미래의 거울
반짝반짝 빛난다.

세숫대야

세상에 하나뿐인
멋있는 세숫대야

탁탁 쳐 균형 잡은
청동 빛 헌병 모자

한겨울
군기가 들어
찬물 담아 씻었다.

수학왕

날마다 뱅뱅 돌아
현기증 날 만한데

노래를 부르면서
깨우는 알람시계

지금도
원 그려가며
수를 세는 수학왕

진도 앞바다

슬픔이 파도치는
팽목항 바다 위에

소복을 차려입은
살풀이 갈매기 떼

아픔이
만선을 이뤄
울며가는 통통배.

가짜뉴스

된바람 몰아쳐서
허물을 벗겨내고

보기도 민망해서
얼굴을 푹 숙였다

울화는
석류 피 고여
속이 터져 버렸다.

광화문

문구멍 뚫고 오는
매서운 황소바람

온몸에 한기 돌아
몸살을 앓고 있다

촛불은
하나가 되어
어둔 세상 밝힌다.

왕새우, 특검

붉은색 왕관 쓰고
알에서 깨어났다.

싸우는 고래 떼들
굽은 등 터질세라

농단에
찢어진 마음
민정시찰 나섰다

집회

광화문 밤바다엔
촛불이 파도치고

함성을 내지르며
희망의 노를 저어

막혔던
물꼬를 트고
새 역사가 흐른다.

촛불집회

진실이 수장되어
팽목항 우는 소리

촛불을 받쳐 든 손
지혜는 평화롭다

분노는
불화살 되어
파란 지붕 쏘았다.

탄핵

묵은 때 가득 싣고
해넘이 고갯길을

무거운 걸음으로
힘겹게 넘은 고개

희망의
촛불을 밝혀
지난 세월 태운다.

뉴스

목청을 가다듬고
찾아온 멋진 신사

뜨겁게 달아올라
허물을 벗어던진

매미의
공연 음란죄
한숨짓는 잎새들.

분단의 고통과 건강한 비판의식

— 신미경 2시조집의 작품 세계

문학평론가 리 헌 석
(사) 문학사랑협의회 이사장

1.

신미경 시인은 북한의 6.25 남침 전쟁 이후에 출생하였기 때문에 엄밀히 말하면 실향민이 아니다. 그러나 그는 누구보다 조국 분단의 아픔을 평생 멍에처럼 메고 살아온 사람이다. 시인의 고향은 서울이지만, 아버지의 고향은 북한에 있는 '평강'이어서, 그 곳은 시인에게도 정서적 고향으로 기능한다.

특히 그의 조부는 기관사였는데, 강원도 철원군 월정리역에 '철마는 달리고 싶다'는 표지판을 세우게 한 분이다. 부서진 채로 남아 있는 월정리역의 기관차를 조종하던 기관사였다. 그의 조부가 당시 그 기관차에서 근무하다 산화하였기 때문에, 시인의 부친은 평생 휴전선과 월정리역을 찾아 부친을 추모한 듯하다. 또한 시인의 부친은 구국(救國)의 일념으로 조국통일을 기원하던 국군 신분이었었기 때문에 나라와 겨레에 대한 정서가 남달랐을 터이다.

그의 부친은 작고하여 대전현충원에 안장되어 계시다. 시인의 추억에 의하면, 그의 부친은 사향(思鄕)의 정서에 몰두하여 경기도 파주시의 임진각과 철원군의 비무장지대를 자주 찾았다고 한다. 명절이면 간소한 제수(祭需)를 마련하여 고향과 가장 가까운 월정리역을 찾아 제사를 지내었다고 한다. 이때 신미경 시인도 여러 번 동행하였기 때문에, 아버지를 이어 조국 분단에 의한 '통한의 정서'가 내면화된 듯하다.

큰소리 외치면서
민통선 드나들다

휴전선 앞에 서서
북녘 땅 바라보는

녹이 슨 분단의 아픔
멈추어 선 철마야

폐역 된 월정리 역
잠이 든 기적소리

독수리 넘나들며
물고 온 고향 향기

민통선 봉우리 밟고
넘어가는 구름아

—「월정리역에서」(서시, 전문)

시인의 내면은 '멈추어 선 철마'에 의탁되어 나타난다. 조부께서 철마를 몰고 달리던 시절에는 '휴전선'도 없었고 '민통선'은 더더욱 없었을 터이다. 조부께서는 아마 고향을 지날 때, 기관차의 기적을 소리 높여 울려 자신이 지나가고 있다는 신호를 보내기도 하였을 터이다. 그렇지만 시인을 비롯한 우리들은 '철마'가 멈추어 선 '분단의 아픔'으로 북녘땅을 바라볼 수밖에 없다. 오갈 수 없는 운명이라는 점에서 부서진 철마와 분단 조국에 사는 시인은 동질성을 띤다. 멈추어 선 철마는 바로 시인의 정서적 보조관념으로 존재한다.

둘째 수에서는 좀 더 구체화된다. 남북이 갈라져 폐역(廢驛)이 된 '월정리역'에서 잠이 든 '기적소리'는 생각하는 것만으로도 '내면적 통증'을 환기시킨다. 철마로 비유되는 시인이 휴전선을 지나갈 수 없기 때문에 '통분의 갈등'이 생성되어 절망하기에 이른다. 그리하여 하늘을 자유롭게 날아다니는 독수리에 자신의 지향을 의탁한다. 그 독수리들이 고향의 향기를 물고 온 것으로 형상화한 것은 그만큼 사향의 정서가 간절함에 기인한다.

이와 함께 〈민통선 봉우리 밟고/ 넘어가는 구름〉 역시 독수리와 같은 정서적 객체여서 시인의 지향을 대신한다. 이렇듯이 신미경 시인은 우리 겨레의 불행한 운명을 적시하며, 남북통일을 염원하는 소망을 작품에 담아낸다.

2.

신미경 시인의 부친은 휴전선이 사라져, 고향에 돌아갈 날을 반백 년이나 기다린 분이다. 더 이상 기다릴 수 없어 하늘로 가신 분이다. 〈철조망 가로막힌/ 분단의 아픔 속에〉 한 생애를 보내시고 소천하여 국립 대전현충원에 모신다. 부친의 부재는 시인에게 대를 이어 고향을 그리워하게 한다. 생전의 부친이 하던 대로 〈임진강 주변에서/ 목 놓아〉 제사를 드린다. 물론 집에서도 제사를 지냈을 터이고, 현충원에서도 제사를 지냈을 터이지만, 부친께서 매년 고향과 가장 가까운 곳을 찾아 제사를 지낸 것처럼 시인 역시 그대로 답습한다.

부친의 혼백이 뻐꾹새로 현신(現身)한 것일까, 고향 길을 향하여 힘차게 날아가는 뻐꾹새의 날개깃, 그러면서도 애잔한 울음소리가 시인의 정서를 대변한다. 서시 「월정리역에서」는 2시조집의 제목이기도 하다. 그만큼 조부와 부친의 고향이자, 시인의 정서적 고향인 '평강'을 찾아갈 수 있는 단서로 '월정리역'은 기능한다. 말하자면 이 '역'은 지리적 의미로만 존재하는 것이 아니라, 통한의 민족 정서를 대변하는 공감대의 영역이기도 하다.

휴전선 가로막혀
허망해 한숨짓고

뼈마디 시리도록
스며든 고향 향기

달 속에
눈물이 가득

손짓하는 아버지.

—「갈 수 없는 길」 전문

시인의 부친으로 대유되는 '실향민'들은 〈뼈마디 시리도록〉 무릎을 꿇고 고향으로 달려가기를 기도한다. 이는 당장에 이룰 수 없는 소망이기 때문에, 고향 하늘에도 둥두렷이 떠있을 '달'을 바라보며 고향과 아버지를 그리워한다. 이러한 정서는 여러 작품에서 산견(散見)된다. 작품 「무궁화」에서는 더욱 절절한 노래를 빚는다. 〈분노를/ 삭이지 못해〉 애국가를 외쳐 부른다. 〈분단의 아픔으로/ 목 놓아 우는 산천// 철조망 막아놓고/ 외치는 남북통일// 가슴에/ 비수가 꽂혀/ 피눈물이 흐른다.〉고 절통한 심정을 담아낸다. 「실향민」으로서 부친의 〈꼭 쥔 주먹〉은 바로 〈흔들며/ 통곡을 하는/ 피 흘리는 철조망〉에 의해 형성된 '아픈 삶'이다.

애통하는 사람들의 정서와는 무관하게 자연 속의 세월은 쉬지 않고 흐른다. 그리하여 〈수많은 슬픔들이/ 흙 속에 묻혀가고// 휴전선 하늘 아래/ 눈물이 흐르는 강〉으로 존재하는데 이곳이 바로 「임진강」이다. 이산가족의 애타는 심정을 모르는 듯 임진강은 무심하게 흐르고, 그래서 시인은 〈두고 온 가족 안부/ 종이배에 띄워 놓고// 녹이 슨 철조망〉을 바라보며 탄식한다. 임진강은 이와 같은 실향민의 탄식을 가득 싣고 서해바다로 흐른다.

찾아갈 수 없는 고향, 눈앞에 있는 강 건너, 바로 그 고향 땅을 바라보아야만 하는 시인의 정서를 전하기 위해 평화의 상징인 비둘기가 철조망을 넘는데, 아버지와 어머니가 오버랩 되어 서정의 중심을 이룬다.

무명옷 곱게 입고
사랑을 품으셨다

환하게 미소 짓는
어머니 고운 자태

달밤에
찾아든 바람
치맛자락 접는다.

—「목련」 전문

실향의 아픔을 함께 나눌 수 있는 사람은 배우자였을 터이다. 부친의 정서적 아픔을 공유하며 함께 울어줄 사람도 시인의 '어머니'였을 터이다. 우리 조상을 백의민족이라고 하였듯이 그의 어머니도 '무명옷'을 곱게 차려 입고 '남편'과 '자녀'들을 사랑으로 품으신 분이다. 늘 〈환하게 미소 짓는/ 어머니〉였기에 시인은 밤에 달을 맞듯이 어머니를 바람결에 만난다. 신미경 시인은 친정어머니를 달밤에 만나듯이, '시어머니'를 꿈속에서 만나, 고부 사이의 갈등을 해소하는 아름다운 전서를 보인다.

꿈속에 울 어머니
두 손을 잡으시고

입가에 짓는 미소
생신 듯 다정해서

온종일 가슴에 가득

자리하고 계셨다.

묘 앞의 노란 꽃에
구멍이 송송 났다

보랏빛 예쁜 국화
새로운 꽃단장에

어두운 어머니 나라
대낮처럼 밝았다.

—「꽃단장」 전문

시인은 꿈속에서 시어머니와 손을 잡는다. 생시처럼 다정한 모습으로 미소 짓는 모습이 보여서 마음만으로 온종일 행복하다. 보랏빛 국화 다발을 묘 앞의 화병에 꽂으니 〈어두운 어머니 나라〉가 대낮처럼 환하게 느낀다. 친정어머니거나 혹은 시어머니거나 '어머니'를 그리는 작품에서 그는 당시 우리 선조들이 겪었던 '보릿고개'를 연상하게 한다. 우리에게 '보릿고개'는 '지독한 가난'과 '배고픔'의 이미지로 작용한다. 가을에 추수한 벼(쌀)를 담아두었던 광(창고)은 비었고, 보리가 익으면 보리밥이라도 먹을 수 있는데, 아직 보리도 여물지 않아 배를 곯을 수밖에 없던 시절을 우리 겨레는 '보릿고개'라 이름 지었다.

이때 마을과 야산에는 「이팝나무」가 하얀 꽃을 피웠을 터이고, 이는 쌀밥 알갱이처럼 보였을 것이다. 〈찬물로 배 채우고/ 먹거리 귀한 시절// 지쳐서 잠든 아이/ 어머니 한숨소리〉가 안타까운 정서를 환기한다. 당시 우리의 어머니들은 먹을 것도, 가진 것도 없어 따스한 '정'밖에 줄 수가 없었을 터이다. 이처럼 신미경 시인의 부모 세대는 아픈 세월을 살아온 우리 겨레를 대변하고 있다. 이와 같은 슬픔과 고통의 정서가 내면화된 시인은 세상의 부조리에도 예민하게 반응한다.

슬픔이 파도치는
팽목항 바다 위에

소복을 차려입은
살풀이 갈매기 떼

아픔이
만선을 이뤄
울며가는 통통배.

—「진도 앞바다」 전문

못 살고 어둡던 무지몽매(無知蒙昧)한 시절에나 있음직한 일이 21세기에 일어났다. 인천을 떠나 제주로 가던 '세월호'가 진도 인근의 '맹골수도'에서 침몰한 사건이다. 이 사건을 수습하기 위해 진도의 '팽목항'에 본부를 설치하고 구조활동을 한다. 이때 익사한 사람 혹은 그 가족의 모습을 시인은 갈매기에 의탁한다. 〈소복을 차려입은/ 살풀이 갈매기 떼〉의 울음소리가 시인의 내면에 애타게 전이되었기 때문이다. 그러기에 만선을 이루어 신이 났을 통통배마저도 '울며가는' 정경으로 형상화하였을 것이다.

그러나 여러 요인들이 복합적으로 작용하여 '세월호' 구조는 쉽게 이루어지지 않았다. 침몰한 곳이 깊고 물살이 세어 선체 인양도 꽤 오랜 시간이 걸렸다. 그리하여 단순 교통사고가 정치적 이슈로 변질되어 몇 년간 많은 사람들이 촛불을 들고 정부를 성토하였다. 시인 역시 작품을 통해 이들과 공감대를 형성한다. 「촛불집회」에서 〈진실이 수장되어/ 팽목항 우는 소리// 촛불을 받쳐든 손/ 지혜는 평화롭다// 분노는/ 불화살 되어/ 파란 지붕 쏘았다.〉고 분노하는 내면을 형상화한다.

3.

조국 분단의 아픔을 내면화한 신미경 시인은 그때 형성된 '의식의 프리즘'으로 시대적 상황에 대해서도 침묵하지 않는다. 몇 편의 작품들에서 보이는 비판 의식은 그를 '깨어 있는 시인'으로 인식하게 한다. 촛불집회의 본부였던 「광화문」에서 〈촛불은/ 하나가 되어/ 어둔 세상 밝힌다.〉고 의미를 부여한다. 정치가들의 오류를 확인하는 「왕새우, 특검」에서 〈(국정)농단에/ 찢어진 마음/ 민정시찰 나섰다.〉고 그려낸다. 광화문 「집회」에 대하여 〈함성을 내지르며/ 희망을 노〉를 젓는다고 비유한다.

이와 함께 정치적 이슈도 될 수 있고, 때로는 개인적 관계에서도 드러날 수 있는 일로도 해석할 수 있어 다의적 함수를 지닌 작품 「믿는 도끼」와 같은 작품도 여러 편 빚어내고 있다. 어느 한쪽으로 치우치는 것보다 다의적 해석을 가능하게 비유적으로 빚은 작품에서 시조의 품격이 살아나게 마련이다. 〈돌멩이 맞은 발등/ 절면서 가는 길에// 냄비에 죽 끓듯이/ 마음이 끓어올라// 돌다리/ 두드려가며/ 조심조심 걷는다.〉고 승화시킨 작품은 인간 본연의 속성을 담아내기에 충분하다. 이런 작품 성향은 시인으로 하여금 내면의 소리에 귀를 기울이게 한다.

불쌍한 인간 위해
업보를 닦아주고

뿌리에 구멍 숭숭
제 몸을 비워가며

오욕을
태워버리자
불을 켜든 연꽃등.

—「연꽃」 전문

가톨릭 신자인 신미경 시인은 불교적 · 유교적 심상을 드러내는 작품에서도 빛을 발한다. 오랜 기간 유불선(儒佛仙) 사상이 생활화되었던 우리 겨레의 전통에 영향을 받았으리라 추정된다. 그는 연꽃을 보며 불교의 본질에 접근한다. 불교 입장에서 보면 인간은 수없이 죄를 지을 수밖에 없는 생물이다. 전생(前生)의 업(業)까지 살피지 않는다고 하더라도, 인간은 생로병사(生老病死)의 과정에 헤아릴 수 없이 많은 생명을 상하게 하였을 터이다.

또한 오욕(五欲)에 빠져 자각하지 못한 사이에 여러 죄를 지으며 살아간다. 오욕(五欲)은 인간이 취하고자 하는 집착을 말하는데, 색욕(色欲) · 성욕(聲欲) · 향욕(香欲) · 미욕(味欲) · 촉욕(觸欲)을 말한다. 쉽게 풀이하면 재욕(財欲), 색욕, 음식욕, 명예욕, 수면욕 등이다. 이는 욕구 · 희망 등의 긍정적 의미와는 구분되며, 갈

애 · 집착 · 탐착 등의 의미를 띤다. 이와 함께 인간의 기본적 정서를 칠정(七情)이라 하여, 희(喜) · 노(怒) · 애(哀) · 구(懼) · 애(愛) · 오(惡) · 욕(欲)을 말하는데, 현대에는 희로애락(喜怒哀樂)으로 축약하여 사용하기도 한다.

신미경 시인은 연근(蓮根)의 속성을 통하여 마음을 비우는 허정(虛靜)의 경지를 작품화한다. 〈뿌리에 구멍 숭숭/ 제 몸을 비워가며〉에서 확인할 수 있는 바, 이렇게 비운 바탕에서 인간의 〈오욕을/ 태워버리자〉고 주장한다. 이는 타인에게 그렇게 실행하라고 주장하는 것이 아니라, 자신에게 거는 '다짐의 주문(呪文)'이라 할 것이다. 사실상 어느 누구도 오욕을 모두 태워버리고 허정의 경지에 오를 사람은 존재하지 않을 터이기 때문이다.

그러기에 이를 목표로 '건실하게 살아가자'는 자의식의 발현(發現)으로 보아도 좋을 듯하다. 현실에서 그는 어려운 이웃을 위해 수고하는 보살행을 실천한다. 이를 통해 그가 지향하고 있는 생활인의 자세, 시인으로서 추구하는 높은 경지의 시심에 젖으며, 신미경 시인의 2시조집 감상을 마친다.

신미경 시조집
월정리역에서

발 행 일 | 2017년 10월 25일
지 은 이 | 신미경
발 행 인 | 李憲錫
발 행 처 | 오늘의문학사
출판등록 | 제55호(1993년 6월 23일)
주　　소 | 대전광역시 동구 대전로 867번길 52(한밭오피스텔 401호)
전화번호 | (042)624-2980
팩시밀리 | (042)628-2983
홈페이지 | http://www.lito77.co.kr(홈페이지)
전자우편 | hs2980@hanmail.net

공 급 처 | 한국출판협동조합
주문전화 | (070)7119-1752
팩시밀리 | (031)944-8234~6

ISBN 978-89-5669-854-0
값 15,000원

* 이 책은 대전문화재단 과 대전광역시 에서 사업비 일부를 지원받았습니다.